AF501896

ORDONNANCE DU ROI,

Concernant le régiment des Gardes-suisses.

Du 1.er Juin 1763.

DE PAR LE ROI.

SA MAJESTÉ jugeant nécessaire de donner au régiment de ses Gardes-suisses, une constitution convenable à l'honneur qu'il a d'être affecté d'une manière particulière à la garde de sa Personne, & de lui régler un traitement qui y réponde; voulant de plus assurer aux Citoyens & aux Sujets du Louable Corps Helvétique & des Louables Ligues Grises, qui auront servi dans ce régiment, des récompenses proportionnées à leurs services & à leur zèle, & renouveler à une Nation, son ancienne & fidèle Alliée, les témoignages constans de sa confiance & de son amitié, SA MAJESTÉ, après avoir pris l'avis du Louable Corps Helvétique & Ligues Grises, a ordonné & ordonne ce qui suit:

ARTICLE PREMIER.

LE régiment des Gardes-suisses de Sa Majesté, lequel,

Ledit régiment composé de seize compagnies entières.

indépendamment de la compagnie Générale, est actuellement composé de six compagnies entières & de dix demi-compagnies, le sera à l'avenir de onze compagnies de Fusiliers entières, & de quatre compagnies de Grenadiers, indépendamment de la compagnie Générale, qui conservera le droit de marcher à la tête dudit régiment & de tous ceux de la même Nation.

II.

Création de quatre compagnies de Grenadiers.

IL sera à cet effet formé quatre compagnies de Grenadiers, dont la composition sera réglée ci-après.

III.

Suppression des demi-compagnies.

LES dix demi-compagnies seront supprimées, incorporées & réunies avec d'autres, sur des ordres particuliers de Sa Majesté, pour n'en composer que des compagnies entières, chacune sous le commandement d'un seul Capitaine.

IV.

Ledit régiment formera quatre bataillons de quatre compagnies chacun.

LA compagnie Générale & les quinze compagnies dont ledit régiment sera composé, formeront quatre bataillons de quatre compagnies chacun, dont une de Grenadiers, de cinquante-six hommes, les Officiers compris, & trois de Fusiliers, de cent soixante-quinze hommes chacune, aussi les Officiers compris.

V.

Suppression des Enseignes, à la réserve de celui de la compagnie Générale.

L'ENSEIGNE qui est dans chaque compagnie, sera supprimé & réformé, à la réserve de celui qui est dans la compagnie Générale, lequel sera conservé.

VI.

Création de Fourriers & d'Appointés.

IL sera établi dans chaque compagnie, deux Fourriers; le grade d'Anspessade y sera supprimé, & il sera créé, pour en tenir lieu, des places d'Appointés, dont les fonctions, ainsi que celles des Fourriers, seront réglées ci-après.

Suppression du grade d'Anspessade.

VII.

L'INTENTION de Sa Majesté étant que les compagnies ne soient composées que d'Officiers & de Soldats effectifs & utiles à son service, les places de Trabans, Secrétaires, Chirurgiens, Fraters, Vivandiers & autres, qui faisoient nombre dans les compagnies, seront supprimées & éteintes.

Suppression des Trabans, Fraters, &c. dans chaque compagnie.

VIII.

CHAQUE compagnie de Grenadiers, sera composée d'un Capitaine, d'un premier & second Lieutenant, d'un Sous-lieutenant, de deux Sergens, d'un Fourrier, quatre Caporaux, quatre Appointés, quarante Grenadiers & d'un Tambour.

Composition des compagnies de Grenadiers.

Les quatre Caporaux, les quatre Appointés & les quarante Grenadiers seront distribués en quatre escouades de douze hommes chacune, dont un Caporal & un Appointé.

Division desdites compagnies par escouades.

La première & la troisième de ces escouades formeront la première section, à laquelle sera attaché le premier Sergent; la seconde & la quatrième escouade formeront la seconde section, à laquelle sera attaché le second Sergent; la première section sera subordonnée au premier Lieutenant, la seconde au deuxième Lieutenant: ces deux Officiers en rendront tous les jours compte au Capitaine, lequel le rendra aux Officiers supérieurs.

IX.

L'INTENTION de Sa Majesté est que les Grenadiers qui viendront à manquer, soient remplacés sur le champ par les compagnies de Fusiliers, chacune à leur tour, en

Remplacement des Grenadiers à mesure qu'il en manquera.

payant par le Capitaine de Grenadiers la ſomme de cent cinquante livres pour chaque homme qu'il tirera, & rembourſant de plus au Capitaine de Fuſiliers ce que le Soldat pourroit lui devoir.

X.

Compoſition des compagnies de Fuſiliers.

CHAQUE compagnie de Fuſiliers, ſera compoſée d'un Capitaine, deux Lieutenans, deux Sous-lieutenans, ſix Sergens, deux Fourriers, douze Caporaux, douze Appointés, cent trente-deux Fuſiliers & ſix Tambours.

La compagnie Générale aura de plus un Enſeigne, lequel aura rang de Sous-lieutenant, du jour de ſon brevet d'Enſeigne.

Diviſion deſdites compagnies par eſcouades.

Les douze Caporaux, les douze Appointés & les cent trente-deux Fuſiliers formeront douze eſcouades de treize hommes chacune, y compris un Caporal & un Appointé.

La première & la ſeptième eſcouade formeront une première demi-ſection, à laquelle ſera attaché le premier Sergent.

La ſeconde & la huitième eſcouade formeront la ſeconde demi-ſection, à laquelle ſera attaché le ſecond Sergent.

La troiſième & la neuvième eſcouade formeront la troiſième demi-ſection, à laquelle ſera attaché le troiſième Sergent.

La quatrième & la dixième eſcouade formeront la quatrième demi-ſection, à laquelle ſera attaché le quatrième Sergent.

La cinquième & la onzième eſcouade formeront la cinquième demi-ſection, à laquelle ſera attaché le cinquième Sergent.

La ſixième & la douzième eſcouade formeront la

ſixième demi-ſection, à laquelle ſera attaché le ſixième Sergent.

Les première, troiſième & cinquième demi-ſections formeront la première ſection qui ſera ſubordonnée au premier Sous-lieutenant.

La deuxième, la quatrième & la ſixième demi-ſection formeront la deuxième ſection que commandera le ſecond Sous-lieutenant.

Le premier Sous-lieutenant rendra journellement compte au premier Lieutenant, des détails qui concerneront ſa ſection; le ſecond Sous-lieutenant le rendra au ſecond Lieutenant; ces deux Officiers rendront compte tous les jours au Capitaine, & le Capitaine aux Officiers ſupérieurs.

X I.

Création de deux Sous-aides-major d'augmentation.

IL ſera créé deux places de Sous-aides-major dans ledit régiment, afin qu'il y en ait un par bataillon.

X I I.

Création de deux Porte-drapeaux par bataillon.

IL ſera établi & créé dans chaque bataillon dudit régiment, deux Porte-drapeaux.

X I I I.

Création d'un Tréſorier particulier.

L'INTENTION de Sa Majeſté étant de régler aux Officiers, ainſi qu'aux Soldats, un traitement fixe & diſtinct; il ſera établi dans ledit régiment un Tréſorier qui ſera chargé de l'adminiſtration des deniers.

X I V.

Création de quatre Chirurgiens.

IL ſera établi quatre Chirurgiens à la ſuite dudit régiment, dont l'un ſera chargé des compagnies qui ſeront établies à Paris, & les trois autres ſeront chargés des compagnies qui ſeront logées dans les trois corps de casernes dudit régiment: chacun de ces Chirurgiens aura sous lui deux Garçons.

X V.

Établissement de deux Prevôts de propreté par bataillon.

Il sera établi dans chaque bataillon, deux Prèvôts, qui seront uniquement chargés de la propreté des casernes & des logemens.

Il en sera aussi établi un à la suite de la compagnie Générale.

X V I.

Composition de l'État-major du régiment.

Au moyen de ce qui est prescrit par les articles XI, XII, XIII, XIV & XV, l'État-major du régiment sera composé d'un Colonel, un Lieutenant-colonel, un Major, quatre Aides-major, quatre Sous-aides-major, deux Porte-drapeaux par bataillon, un Trésorier, un Maréchal-des-logis, un Aide-maréchal-des-logis, un Grand-juge, un Aumônier, deux autres Aumôniers, un Médecin, un Chirurgien & deux Garçons pour les compagnies qui seront à Paris; trois autres Chirurgiens, & six Garçons pour les compagnies qui seront dans les casernes; d'un premier Sergent, d'un Tambour-major, d'un Auditeur général des bandes Suisses, d'un Secrétaire-interprète, d'un Commissaire des vivres, & de deux Prevôts par bataillon.

X V I I.

Création d'un Médecin, à la suite de l'État-major de la compagnie Générale.

Il sera établi & créé à la suite de l'État-major de la compagnie Générale, une place de Médecin.

X V I I I.

Établissement de seize Musiciens à la suite de la compagnie Générale.

Il sera aussi attaché à la suite de l'État-major de la compagnie Générale, seize Musiciens, que Sa Majesté a jugé à propos d'y établir; lesdits Musiciens seront toujours affectés à la garde qui servira près de Sa Majesté, & subordonnés à tous les Officiers de la garde, & particulièrement à l'Aide-major de garde, lequel sera chargé de la discipline, police & entretien desdits Musiciens.

XIX.

Composition de l'État-major de la compagnie Générale.

Au moyen de quoi l'État-major de la compagnie Générale des Suisses, sera composé d'un Grand-juge, d'un Aumônier, d'un Secrétaire-interprète, d'un Médecin, d'un Chirurgien-major, d'un Sergent général, d'un Tambour-major, d'un Maréchal-des-logis, d'un Fourrier, de seize Musiciens & d'un Prevôt.

XX.

Le Major chargé des menues réparations.

Le Major sera seul chargé d'ordonner, sous l'autorité du Colonel & du Lieutenant-colonel, les menues réparations, dont il confiera le soin aux Aides-major & Sous-aides-major, qui seront tenus de lui en rendre compte.

XXI.

Fonctions des Aides-major & des Sous-aides-major.

Les Aides-major & les Sous-aides-major continueront de jouir des mêmes prérogatives dont ils jouissent actuellement, & rempliront les mêmes fonctions.

XXII.

Fonctions du Trésorier.

Le Trésorier particulier du régiment, sera spécialement chargé de l'administration des deniers du régiment, & de faire les décomptes aux Officiers, Sergens, Caporaux, Appointés, Grenadiers, Fusiliers & Tambours de chaque compagnie.

XXIII.

Par qui nommé.

Ce Trésorier sera présenté par le Colonel, le Lieutenant-colonel & le Major, au Colonel général des Suisses, qui lui fera expédier le brevet nécessaire pour remplir ladite place après qu'il l'aura agréé.

XXIV.

L'argent de la Solde & de la Masse ou de toute

Établissement d'une Caisse. autre partie, qui appartiendra audit régiment, sera remis tous les mois au Trésorier particulier du régiment, pour être enfermé dans une Caisse, dont il aura la régie, subordonnément au Major, sous les ordres du Colonel général des Suisses.

XXV.

Trois clefs à ladite Caisse, & par qui gardées. CETTE Caisse aura trois serrures, dont les trois clefs seront entre les mains, l'une du Colonel, & en son absence, du Commandant du régiment; la deuxième entre les mains du Major, & la troisième entre celles du Trésorier du régiment.

XXVI.

Par qui les clefs gardées en l'absence du Colonel & du Major. EN l'absence du Colonel, la clef dont il doit être le dépositaire, demeurera entre les mains du Lieutenant-colonel; en l'absence de ce dernier, entre les mains du plus ancien des Capitaines qui se trouveront présens; & en l'absence du Major, sa clef demeurera entre les mains d'un Aide-major; de manière que dans tous les cas la Caisse ne puisse s'ouvrir qu'en présence de trois personnes: Entendant Sa Majesté que ladite Caisse soit déposée chez le Commandant du régiment.

XXVII.

Administration de la Caisse. IL y aura toujours dans la Caisse du régiment, un état des fonds qui y seront mis, & un état de ceux qui en seront tirés, avec les causes de recette & de dépense; ces états seront signés du Commandant du corps, du Major & du Trésorier du régiment; il en sera remis un double au Major, & il en sera envoyé un tous les mois au Colonel général des Suisses.

XXVIII.

Fonctions du Tambour-major. LE Tambour-major continuera de remplir les mêmes fonctions qu'il remplit actuellement.

XXIX.

Les quatre Chirurgiens que Sa Majesté fait établir à la suite dudit régiment, seront tenus, au moyen des appointemens qui leur sont réglés, de traiter les malades dudit régiment & de leur fournir *gratis* tous les médicamens nécessaires; les Garçons feront sous les ordres desdits Chirurgiens les mêmes fonctions que les fraters des compagnies font actuellement. *Obligations des Chirurgiens.*

XXX.

Les compagnies, dont le régiment sera composé, ne seront dorénavant affectées à aucun canton en particulier, mais elles rouleront en général dans toute la Suisse, & seront données lorsqu'elles deviendront vacantes, aux Officiers, soit dudit régiment, soit des autres régimens Suisses & Grisons indistinctement, qui les auront le mieux méritées par leurs services. *Les compagnies ne seront affectées à aucun canton.*

XXXI.

Sa Majesté voulant cependant traiter favorablement les familles, qui lui sont attachées depuis long-temps, & qui ont donné des preuves de leur zèle en levant des compagnies pour ledit régiment; son intention est, lorsque lesdites compagnies viendront à vaquer, de les donner par préférence aux descendans des mêmes familles, s'il s'en trouve à son service, qui aient l'âge & les qualités requises pour les commander. *Préférence pour les compagnies données aux familles qui en ont levé.*

Déclarant au surplus Sa Majesté, qu'Elle n'accordera dans aucun cas les compagnies, soit celles qui sont censées de famille, soit celles qui ne le sont pas, à des enfans en bas âge, ni même à des Officiers qui n'auront pas plus de sept années de service dans le régiment des Gardes-suisses, ou dix au moins dans les autres régimens Suisses & Grisons. *Qualités requises pour avoir des compagnies.*

XXXII.

Les Capitaines qui perdront des compagnies, dédommagés.

LES Capitaines qui ne ſervent point eux-mêmes à la tête de leurs compagnies ou demi-compagnies, les perdront; & Sa Majeſté voudra bien, proportionnément à leur perte, accorder des dédommagemens qu'Elle leur fera payer exactement chaque année, & ſans aucune retenue, dans le lieu de leur réſidence, ſoit en Suiſſe, ſoit en France.

XXXIII.

Arrangement pour les dettes deſdites compagnies.

LES dettes que leſdits. Capitaines pourroient avoir contractées pour fournitures faites à leurs compagnies, ſeront acquittées par ceux auxquels Sa Majeſté jugera à propos de donner leſdites compagnies; au moyen de quoi leſdits Capitaines ne pourront rien prétendre ſur les avances qu'ils auront pu faire aux bas Officiers ou Soldats deſdites compagnies.

XXXIV.

Capitaines qui ſervent, & qui perdront des compagnies, remplacés.

A l'égard des Capitaines, qui ſervent en perſonne à la tête des demi-compagnies qui ſeront incorporées dans d'autres, Sa Majeſté donnera ſes ordres pour les faire remplacer, ſoit aux compagnies entières dont les Capitaines ne ſerviront point, ſoit aux compagnies des Grenadiers.

XXXV.

Les Capitaines ne conſerveront point leurs compagnies en quittant le ſervice.

AUCUN Capitaine ne pourra à l'avenir conſerver ſa compagnie lorſqu'il quittera le ſervice; ſe réſervant Sa Majeſté d'accorder aux Capitaines, ainſi qu'aux autres Officiers dudit régiment, qui, par leur âge, leurs bleſſures ou infirmités ſe trouveront dans le cas de ne pouvoir continuer de ſervir, des penſions proportionnées à leur grade, à l'ancienneté & à la diſtinction de leurs ſervices, leſquelles penſions leur ſeront payées ſans aucune retenue dans le lieu de leur résidence, soit en Suisse; soit en France, s'ils préfèrent d'y demeurer.

XXXVI.

Les Capitaines-commandans supprimés, excepté dans les compagnies Générale & Colonelle.

IL ne sera plus permis aux Capitaines de mettre à leurs compagnies des Capitaines-commandans, & il n'y en aura à l'avenir que dans les compagnies Générale & Colonelle dont les Capitaines sont dispensés par leurs charges de servir à la tête des compagnies: Voulant cependant bien Sa Majesté que le Capitaine-commandant actuellement, attaché à la compagnie du Lieutenant-colonel y soit conservé; mais son intention est qu'il ne soit point remplacé, lorsque sa place deviendra vacante de quelque manière que ce soit.

XXXVII.

Ordre d'avancement pour les Officiers subalternes des compagnies de Fusiliers.

L'AVANCEMENT des Officiers dans les grades subalternes des compagnies de Fusiliers, se fera par ancienneté dans tout le régiment, & non par compagnie, suivant l'usage actuel; de manière que lorsqu'il vaquera un emploi de premier Lieutenant dans quelque compagnie que ce soit, il appartiendra de droit au plus ancien des seconds Lieutenans du régiment, pourvu que ce soit un sujet capable & de bonne conduite; & il en sera usé de même pour les autres grades.

XXXVIII.

Et des compagnies de Grenadiers.

A l'égard des Officiers subalternes des compagnies de Grenadiers, ils seront choisis, tant dans le régiment des Gardes-suisses, que dans tous les autres régimens Suisses & Grisons, sans aucun égard à l'ancienneté.

XXXIX.

Seconds Sous-lieutenans présentés par le Colonel.

LES Capitaines des compagnies de Fusiliers, continueront de proposer au Colonel, & le Colonel au Colonel général les nouveaux sujets destinés aux emplois de second

Sous-lieutenant, qui viendront à vaquer dans leur compagnie; entendant Sa Majesté qu'il ne soit admis auxdits emplois que des sujets nés ou reconnus Suisses ou des pays alliés de la Suisse : Enjoignant Sa Majesté au Colonel général d'y tenir la main avec la plus grande exactitude.

X L.

Porte-drapeaux.

LES Porte-drapeaux seront toujours tirés du corps des Sergens du régiment; ils tiendront rang de Lieutenant dans l'Infanterie, & en cette qualité ils marcheront avant tous les Sergens; & lorsqu'ils ne seront plus en état de servir, Sa Majesté voudra bien leur accorder des pensions de retraite qu'Elle leur fera payer, sans retenue, dans le lieu de leur résidence.

X L I.

Choix des Sous-aides-major.

LES deux nouvelles places de Sous-aides-major que Sa Majesté a créées seront données aux Sous-lieutenans du régiment qui seront jugés les plus capables d'en remplir les fonctions, & ils seront proposés par le Colonel au Colonel général des Suisses.

X L I I.

Choix des Sergens.

SA MAJESTÉ trouvant convenable au bien de son service, que les places de Sergens, Fourriers & Caporaux ne soient remplies que par des sujets sages, intelligens, sachant lire, & qui aient le talent, en instruisant les Soldats, de s'en faire obéir; Elle a réglé qu'à l'avenir,

Lorsqu'il vaquera une place de Sergent dans une compagnie, les douze plus anciens Sergens s'assembleront chez le Major, pour choisir parmi les Fourriers & les Caporaux de la même compagnie, sans avoir aucun égard à l'ancienneté, les trois sujets qu'ils croiront les plus propres à remplir la place vacante; ils les présenteront au Major & au Capitaine de la compagnie dans laquelle la place de Sergent ſera vacante, & ſur le rapport de ces deux Officiers, le Commandant du régiment nommera celui des trois ſujets propoſés qui lui paroîtra mériter la préférence.

XLIII.

Choix des Fourriers.

LORSQU'IL vaquera une place de Fourrier, les douze plus anciens Fourriers s'aſſembleront chez le Major, pour choiſir parmi tous les Caporaux de la compagnie les trois ſujets qu'ils croiront les plus propres à remplir la place vacante; ils les préſenteront au Major & au Capitaine de la compagnie dans laquelle la place de Fourrier ſera vacante, de la même manière qu'il eſt expliqué dans l'article précédent pour les Sergens.

XLIV.

Choix des Caporaux.

PAREILLEMENT lorſqu'il vaquera une place de Caporal, les huit plus anciens Caporaux & les quatre plus anciens Sergens du régiment, s'aſſembleront chez le Major, pour choiſir parmi tous les Appointés & Soldats de la compagnie où il en manquera, trois ſujets qu'ils préſenteront au Major & au Capitaine de la compagnie dans laquelle la place ſera vacante, de la même manière qu'il eſt expliqué par l'article XLII pour les Sergens.

Les bas Officiers des compagnies de Grenadiers, ſeront choiſis dans tout le régiment, de la manière expliquée ci-deſſus.

XLV.

Fonctions des Sergens.

LES Sergens commanderont leurs demi-ſections, les maintiendront en bonne diſcipline & police, & rendront tous les jours compte aux Officiers de tous les détails qui les concernent, ainſi qu'il eſt preſcrit par les articles VIII & X.

XLVI.

LES Fourriers ſeront chargés du détail de toutes les

Fonctions des Fourriers.

ſubſiſtances, des diſtributions, du logement, du campement & de la propreté du quartier & du camp; ils auront rang de derniers Sergens & ſeront diſpenſés de monter la garde en campagne & en garniſon.

XLVII.

Fonctions des Caporaux.

LES Caporaux veilleront ſur la diſcipline, la police & les exercices de leur eſcouade, ils en rendront compte au Sergent de leur demi-ſection, & ſuppléeront aux Sergens qui pourront manquer.

XLVIII.

Appointés.

A l'égard des places d'Appointés, elles appartiendront toujours de droit aux plus anciens Soldats de chaque compagnie; ils commanderont l'eſcouade dont ils feront partie, au défaut des Caporaux, qui en ſeront toujours les chefs.

XLIX.

Il ne pourra être reçu pour bas Officiers & Soldats que des Suiſſes.

IL ne ſera recu dans ledit régiment pour bas Officiers & Soldats, que des ſujets nés & reconnus Suiſſes, ou des pays alliés de la Suiſſe; enjoignant Sa Majeſté aux Colonel, Lieutenant-colonel & Major d'y tenir exactement la main, à peine d'être reſponſables, chacun en leur nom, de ce qui pourroit être contraire, à cet égard, aux intentions de Sa Majeſté.

Taille requiſe.

Le Major aura de plus l'attention de ne recevoir pour Soldats que des hommes de la taille de cinq pieds quatre pouces au moins.

L.

Terme des engagemens.

LE terme des engagemens ſera fixé à l'avenir, dans toutes les compagnies, à quatre années.

Les Soldats qui monteront aux haute-payes ne ſeront point tenus de ſervir trois ans au-delà du terme de leur engagement; l'intention de Sa Majeſté étant que le congé abſolu ſoit régulièrement donné chaque année aux Soldats dont l'engagement ſera expiré, lorſqu'ils le demanderont.

L I.

ENTEND cependant Sa Majeſté qu'il ne ſoit délivré aucun congé abſolu depuis le 1.er Avril de chaque année juſqu'au 1.er du mois de Novembre, & que depuis cette époque juſqu'au 1.er Avril, le congé ſoit expédié ſans difficulté à tous les Soldats qui le demanderont, & dont le terme de l'engagement ſera expiré, bien entendu qu'ils ne devront rien à perſonne; ces congés ſeront ſignés par le Capitaine, le Colonel, le Lieutenant-colonel & le Major.

Terme de la délivrance des congés.

L I I.

LA retenue des quatre deniers pour livre continuera d'avoir lieu ſur tout ce qui ſe payera audit régiment, ainſi que pour toutes les autres Troupes de Sa Majeſté, & en conſéquence le produit du quatrième denier ſera remis à la caiſſe de cette partie; au moyen de quoi le régiment continuera de participer, lorſque Sa Majeſté le jugera à propos, aux gratifications qu'Elle veut bien accorder ſur cette Caiſſe.

La retenue des quatre deniers pour livre continuera d'avoir lieu; le produit du quatrième remis à cette Caiſſe.

L I I I.

A l'égard du produit de la retenue des trois deniers pour livre, affectés aux Invalides, il ſera employé au payement des penſions que Sa Majeſté accordera aux bas Officiers & Soldats dudit régiment, ſoit Catholiques, ſoit Proteſtans, qui par l'ancienneté de leurs ſervices, ou par leurs bleſſures & infirmités, ſe trouveront dans le cas de mériter leur retraite à l'hôtel royal des Invalides.

Le produit des trois autres ſervira au payement des penſions d'Invalides.

L I V.

SA MAJESTÉ ayant jugé à propos de fixer leſdites penſions ſur le pied,

Fixation deſdites penſions.

SAVOIR;

De trois cents livres à chaque Sergent estropié au service & hors d'état de le continuer.

Deux cents quarante livres à chaque Sergent qui aura seulement l'ancienneté de service requise pour cette grâce.

Deux cents quarante livres à chaque Fourrier estropié au service & hors d'état de le continuer.

Deux cents livres à ceux qui auront l'ancienneté de service seulement.

Cent quatre-vingts livres à chaque Caporal estropié au service & hors d'état de le continuer.

Cent soixante livres à ceux qui auront seulement l'ancienneté de service.

Cent soixante livres à chaque Appointé estropié au service & hors d'état de le continuer.

Cent cinquante livres à ceux qui auront seulement l'ancienneté de service.

Cent quarante-quatre livres à chaque Soldat estropié au service & hors d'état de le continuer.

Et cent vingt livres à ceux qui auront seulement l'ancienneté de service.

Où & comment seront payées ces pensions.

Elle veut & entend que ces pensions soient payées tous les trois mois auxdits bas Officiers & Soldats, sans aucune retenue, en argent de France, par son Ambassadeur en Suisse, dans le lieu de la résidence de chaque bas Officier & Soldat, sur le certificat de vie en bonne forme du Pensionnaire, après qu'il aura justifié de ses services & de son admission à la pension, par un certificat du Colonel général, qui sera porté sur un regître que l'Ambassadeur fera former à cet effet.

Les Invalides auront de plus un habit complet tous les huit ans.

L V.

SA MAJESTÉ donnera ses ordres pour faire délivrer par la même voie tous les huit ans à chaque bas Officier ou Soldat invalide, un habit, veste & culotte de l'uniforme du régiment.

Veut cependant bien permettre Sa Majesté, que ceux desdits bas Officiers & Soldats qui, pour des raisons particulières, ne pourroient point demeurer chez eux, aient la liberté de choisir une résidence dans le royaume, pour y jouir des mêmes avantages.

L V I.

Traitement pour donner moyen aux Invalides de retourner chez eux.

SA MAJESTÉ fera payer aux bas Officiers & aux Soldats, auxquels Elle aura bien voulu accorder la pension d'invalide, un mois de solde pour leur donner moyen de retourner chez eux ou à la résidence qu'ils auront choisie; & Elle fera de plus délivrer à ceux qui retourneront en Suisse une route qui les conduira par étape jusque sur les frontières.

L V I I.

Services requis pour les Invalides.

LORSQU'UN Soldat dudit régiment, après avoir obtenu son congé absolu avant le temps prescrit pour obtenir la pension d'Invalide, laissera écouler plus de quinze jours sans se rengager, ses services précédens ne lui seront point comptés, & il ne les datera, pour mériter les Invalides, que du jour de son dernier engagement.

L V I I I.

Appointemens & solde en paix & en guerre.

L'INTENTION de Sa Majesté étant que les appointemens des Officiers, Sergens, Fourriers, Caporaux, Appointés, Grenadiers, Fusiliers & Tambours, soient fixés & distincts les uns des autres; & ayant jugé à propos de régler en même temps aux uns & aux autres une paye de paix & une paye de guerre, Elle veut & entend que les appointemens & solde soient payés audit régiment,

SAVOIR;

	EN TEMPS DE PAIX.			EN TEMPS DE GUERRE.		
Compagnies de Grenadiers.	Par jour.	Par mois.	Par an.	Par jour.	Par mois.	Par an.
Au Capitaine, feize livres treize fous quatre deniers en tout temps, ci.	16l 13f 4d	500l 〃f 〃d	6000l	16l 13f 4d	500l 〃f 〃d	6000l
Au premier Lieutenant, fix livres treize fous quatre deniers en paix, & dix livres en guerre, ci. .	6. 13. 4	200. 〃 〃	2400.	10. 〃 〃	300. 〃 〃	3600.
Au fecond Lieutenant, cinq livres onze fous un denier un tiers en paix, & huit livres fix fous huit deniers en guerre, ci.	5. 11. 1⅓	166. 13. 4	2000.	8. 6. 8	250. 〃 〃	3000.
A chaque Sous-lieutenant, cinq livres en paix, & fix livres treize fous quatre deniers en guerre, ci.	5. 〃 〃	150. 〃 〃	1800.	6. 13. 4	200. 〃 〃	2400.
Au premier Sergent, une livre douze fous en paix, & une livre feize fous huit deniers en guerre, ci	1. 12. 〃	48. 〃 〃	576.	1. 16. 8	55. 〃 〃	660.
Au fecond Sergent, une livre fept fous quatre deniers en paix, & une livre douze fous en guerre, ci.	1. 7. 4	41. 〃 〃	492.	1. 12. 〃	48. 〃 〃	576.
A chaque Fourrier, une livre deux fous en paix, & une livre fix fous en guerre, ci.	1. 2. 〃	33. 〃 〃	396.	1. 6. 〃	39. 〃 〃	468.
A chaque Caporal, feize fous en paix, & dix-huit fous en guerre, ci.	〃 16. 〃	24. 〃 〃	288.	〃 18. 〃	27. 〃 〃	324.
A chaque Appointé, quatorze fous en paix, & feize fous en guerre, ci.	〃 14. 〃	21. 〃 〃	252.	〃 16. 〃	24. 〃 〃	288.
A chaque Grenadier ou Tambour, dix fous en paix, & douze fous en guerre, ci.	〃 10. 〃	15. 〃 〃	180.	〃 12. 〃	18. 〃 〃	216.
Compagnies de Fufiliers.						
Au Capitaine, feize livres treize fous quatre deniers en paix, & vingt livres en guerre, ci. . .	16. 13. 4	500. 〃 〃	6000.	20. 〃 〃	600. 〃 〃	7200.

	EN TEMPS DE PAIX.			EN TEMPS DE GUERRE.		
	Par jour.	Par mois.	Par an.	Par jour.	Par mois.	Par an.
Au premier Lieutenant, six livres treize sous quatre deniers en paix, & huit livres six sous huit deniers en guerre, ci.....	6l 13s 4d	200l ″s ″d	2400l	8l 6s 8d	250l ″s ″d	3000l
Au second Lieutenant, cinq livres onze sous un denier un tiers en paix, & sept livres quatre sous cinq deniers un tiers en guerre, ci.	5. 11. 1 $\frac{1}{3}$	166. 13. 4	2000.	7. 4. 5 $\frac{1}{3}$	216. ″ ″	2600.
Au premier Sous-lieutenant, cinq livres en paix, & cinq livres seize sous huit den. en guerre, ci.	5. ″ ″	150. ″ ″	1800.	5. 16. 8	175. ″ ″	2100.
Au second Sous-lieutenant, quatre livres trois sous quatre deniers en paix, & cinq livres en guerre, ci...............	4. 3. 4	125. ″ ″	1500.	5. ″ ″	150. ″ ″	1800.
A l'Enseigne de la compagnie Générale, quatre livres trois sous quatre deniers en paix, & cinq livres en guerre, ci.........	4. 3. 4	125. ″ ″	1500.	5. ″ ″	150. ″ ″	1800.
Au premier Sergent, une livre dix sous en paix, & une livre quinze sous en guerre, ci....	1. 10. ″	45. ″ ″	540.	1. 15. ″	52. 10. ″	630.
Au second Sergent, une livre quatre sous en paix, & une livre huit sous en guerre, ci......	1. 4. ″	36. ″ ″	432.	1. 8. ″	42 ″ ″	504.
A chacun des quatre autres Sergens, une livre deux sous en paix, & une livre cinq sous en guerre, ci...............	1. 2. ″	33. ″. ″	396.	1. 5. ″	37. 10. ″	450.
A chaque Fourrier, dix-huit sous en paix, & une livre deux sous en guerre, ci.........	″ 18. ″	27. ″. ″	324.	1. 2. ″	33. ″ ″	396.
A chaque Caporal, quatorze sous en paix, & seize sous en guerre, ci..............	″ 14. ″	21. ″. ″	252.	″ 16. ″	24. ″ ″	288.
A chaque Appointé, douze sous en paix, & quatorze sous en guerre, ci.............	″ 12. ″	18. ″. ″	216.	″ 14. ″	21. ″ ″	252.
A chaque Fusilier ou Tambour, neuf sous en paix, & dix sous en guerre, ci.............	″ 9. ″	13. 10. ″	162.	″ 10. ″	15. ″ ″	180.

État-major du Régiment.	EN TEMPS DE PAIX.			EN TEMPS DE GUERRE.		
	Par jour.	Par mois.	Par an.	Par jour.	Par mois.	Par an.
Au Colonel, indépendamment de fes appointemens de Capitaine, foixante-une livre deux fous deux den. deux tiers en tout temps, ci.	$61^{l}\ 2^{f}\ 2^{d}\frac{2}{3}$	$1833^{l}\ 6^{f}\ 8^{d}$	22000^{l}	$61^{l}\ 2^{f}\ 2^{d}\frac{2}{3}$	$1833^{l}\ 6^{f}\ 8^{d}$	22000^{l}
Au Lieutenant-colonel, indépendamment de fes appointemens de Capitaine, vingt-deux livres quatre fous cinq deniers un tiers en paix, & vingt-fept livres quinze fous fix den. deux tiers en guerre, ci.	22. 4. $5\frac{1}{3}$	666. 13. 4	8000.	27. 15. $6\frac{2}{3}$	833. 6. 8	10000.
Au Major qui n'aura point de compagnie, vingt-deux livres quatre fous cinq deniers un tiers en paix, & vingt-fept livres quinze fous fix deniers deux tiers en guerre, ci.	22. 4. $5\frac{1}{3}$	666. 13. 4	8000.	27. 15. $6\frac{2}{3}$	833. 6. 8	10000.
A chacun des quatre Aides-major, dix livres en paix, & onze livres treize fous quatre deniers en guerre, ci.	10. ″ ″	300. ″ ″	3600.	11. 13. 4	350. ″ ″	4200.
A chacun des quatre Sous-aides-major, cinq livres onze fous un denier un tiers en paix, & fix livres treize fous quatre deniers en guerre, ci.	5. 11. $1\frac{1}{3}$	166. 13. 4	2000.	6. 13. 4.	200. ″ ″	2400.
A chaque Porte-drapeau, trois livres en paix, & quatre livres en guerre, ci.	3. ″ ″	90. ″ ″	1080.	4. ″ ″	120. ″ ″	1440.
Au Tréforier, huit livres fix fous huit deniers en paix, & onze livres deux fous deux deniers deux tiers en guerre, ci.	8. 6. 8	250. ″ ″	3000.	11. 2. $2\frac{2}{3}$	333. 6. 8	4000.
Au Maréchal-des-logis, huit livres fix fous huit deniers en tout temps, ci.	8. 6. 8	250. ″ ″	3000.	8. 6. 8	250. ″ ″	3000.
A l'Aide-maréchal-des-logis, une livre feize fous un denier un tiers en tout temps, ci. . . .	1. 16. $1\frac{1}{3}$	54. 3. 4	650.	1. 16. $1\frac{1}{3}$	54. 3. 4	650.
Au Grand-juge, trois livres fix fous huit deniers en tout temps, ci.	3. 6. 8	100. ″ ″	1200.	3. 6. 8	100. ″ ″	1200.

	EN TEMPS DE PAIX.			EN TEMPS DE GUERRE.		
	Par jour.	Par mois.	Par an.	Par jour.	Par mois.	Par an.
Au premier Aumônier, deux livres deux sous deux deniers deux tiers en tout temps, ci...	2^{l} 2^{f} $2^{d}\frac{2}{3}$	63^{l} 6^{f} 8^{d}	760^{l}	2^{l} 2^{f} $2^{d}\frac{2}{3}$	63^{l} 6^{f} 8^{d}	760^{l}
A chacun des deux autres Aumôniers, une livre treize sous quatre deniers en paix, & deux livres quatre sous cinq deniers un tiers en guerre, ci..........	1. 13. 4	50. // //	600.	2. 4. 5 $\frac{1}{3}$	66. 13. 4	800.
Au Médecin, trois livres six sous huit den. en tout temps, ci.	3. 6. 8	100. // //	1200.	3. 6. 8	100 // //	1200.
Au Chirurgien qui doit rester à Paris, cinq livres onze sous un denier un tiers en tout temps, ci.	5. 11. 1 $\frac{1}{3}$	166. 13. 4	2000.	5. 11. 1 $\frac{1}{3}$	166. 13. 4	2000.
A chacun de ses deux Garçons, une livre deux sous deux deniers deux tiers en tout temps, ci...	1. 2. 2 $\frac{2}{3}$	33. 6. 8	400.	1. 2. 2 $\frac{2}{3}$	33. 6. 8	400.
A chacun des trois autres Chirurgiens, quatre livres huit sous dix deniers deux tiers en tout temps, ci...............	4. 8. 10 $\frac{2}{3}$	133. 6. 8	1600.	4. 8. 10 $\frac{2}{3}$	133. 6. 8	1600.
A chacun des six Garçons qui leur seront attachés, seize sous huit deniers en tout temps, ci...	// 16. 8	25. // //	300.	// 16. 8	25. // //	300.
Au premier Sergent du régiment, deux livres quatre sous cinq deniers un tiers en paix, & deux livres quinze sous six deniers deux tiers en guerre, ci..	2. 4. 5 $\frac{1}{3}$	66. 13. 4	800.	2. 15. 6 $\frac{2}{3}$	83. 6. 8.	1000.
Au Tambour-major, deux livres quatre sous cinq deniers un tiers en paix, & deux livres quinze sous six deniers deux tiers en guerre, ci...............	2. 4. 5 $\frac{1}{3}$	66. 13. 4	800.	2. 15. 6 $\frac{2}{3}$	83. 6. 8.	1000.
A l'Auditeur général des bandes Suisses, six livres treize sous quatre deniers en tout temps, ci.....	6. 13. 4	200. // //	2400.	6. 13. 4.	200. // //	2400
Au Secrétaire-interprète, trois livres six sous huit deniers en tout temps, ci...............	3. 6. 8	100. // //	1200.	3. 6. 8.	100. // //	1200.
Au Commissaire des vivres, trois livres six sous huit deniers en tout temps, ci..........	3. 6. 8	100. // //	1200.	3. 6. 8.	100. // //	1200.

	EN TEMPS DE PAIX.			EN TEMPS DE GUERRE.		
	Par jour.	Par mois.	Par an.	Par jour.	Par mois.	Par an.
A chacun des deux Prevôts qui seront attachés à chaque bataillon, neuf sous en paix, & dix sous en guerre, ci.	// l 9 s // d	13 l 10 s // d	162 l	// l 10 s // d	15 l // s // d	180 l
État-major de la compagnie Générale.						
Au Capitaine, indépendamment de ses appointemens, huit livres six sous huit deniers en tout temps, ci.	8. 6. 8	250. // //	3000.	8. 6. 8.	250. // //	3000.
Au Grand-juge, trois livres six sous huit deniers en tout temps, ci.	3. 6. 8	100. // //	1200.	3. 6. 8.	100. // //	1200.
A l'Aumônier, trois livres six sous huit deniers en tout temps, ci.	3. 6. 8	100. // //	1200.	3. 6. 8.	100. // //	1200.
Au Secrétaire-interprète, trois livres six sous huit deniers en tout temps, ci.	3. 6. 8	100. // //	1200.	3. 6. 8.	100. // //	1200.
Au Médecin, trois livres six sous huit deniers en tout temps, ci	3. 6. 8	100. // //	1200.	3. 6. 8.	100. // //	1200.
Au Chirurgien-major, six livres six sous huit deniers en tout temps, ci.	6. 6. 8	190. // //	2280.	6. 6. 8.	190. // //	2280.
Au Sergent général, deux livres quatre sous cinq deniers un tiers en paix, & deux livres quinze sous six deniers deux tiers en guerre, ci.	2. 4. 5 $\frac{1}{3}$	66. 13. 4	800.	2. 15. 6 $\frac{2}{3}$	83. 6. 8	1000.
Au Tambour-major, une livre treize sous quatre deniers en paix, & deux livres quatre sous cinq deniers un tiers en guerre, ci. .	1. 13. 4	50. // //	600.	2. 4. 5 $\frac{1}{3}$	66. 13. 4	800.
Au Maréchal-des-logis, trois livres six sous huit deniers en tout temps, ci.	3. 6. 8	100. // //	1200.	3. 6. 8	100. // //	1200.
Au Fourrier, trois livres six sous huit deniers en tout temps, ci.	3. 6. 8	100. // //	1200.	3. 6. 8	100. // //	1200.

	EN TEMPS DE PAIX.			EN TEMPS DE GUERRE.		
	Par jour.	Par mois.	Par an.	Par jour.	Par mois.	Par an.
A chacun des ſeize Muſiciens attachés à la ſuite de ladite compagnie, deux livres dix ſous par jour en tout temps, tant pour ſes appointemens que pour ſon logement, ci.	2^{l} 10^{s} ″	75^{l} ″ ″	900^{l}	2^{l} 10^{s} $″^{d}$	75^{l} $″^{s}$ $″^{d}$	900^{l}
A chacun deſdits Muſiciens, tant pour ſon habillement que pour les réparations annuelles de l'habillement, l'entretien des inſtrumens, & ſon chauffage au Corps-de-garde, neuf ſous trois deniers un neuvième en tout temps, ci.	″ $9.3\frac{1}{9}$	$13.17.9\frac{1}{3}$	166.13.4	″ $9.3\frac{1}{9}$	$13.17.9\frac{1}{3}$	166.13.4.
Au Prevôt, neuf ſous en paix, & dix ſous en guerre, ci.	″ 9. ″	13.10. ″	162. ″ ″	″ 10. ″	15. ″ ″	180. ″ ″

Voulant Sa Majeſté que la paye de guerre ne ſoit donnée qu'à celles des compagnies dudit régiment, qui ſerviront en campagne, à commencer du jour de leur arrivée à l'Armée, juſqu'à celui de leur départ pour rentrer dans le royaume, & que celles qui demeureront auprès de la perſonne de Sa Majeſté pendant la guerre, ne touchent que la paye de paix.

LIX.

Gratifications attachées aux charges de Capitaines de Grenadiers.

INDÉPENDAMMENT des appointemens réglés par l'article LVIII, à chaque Capitaine de Grenadiers, il ſera attaché à leurs charges une gratification de deux mille livres en temps de paix, & de quatre mille livres en temps de guerre; mais ils ne jouiront de cette dernière que lorſqu'ils auront ſervi en campagne.

LX.

Un mois d'appointemens aux Officiers de

VEUT & entend Sa Majeſté qu'indépendamment des appointemens réglés par mois aux Major, Aides-major *l'État-major, pour leur logement.*

& Sous-aides-major dudit régiment, il leur ſoit payé à chacun un mois d'appointemens de plus chaque année, pour leur tenir lieu de logement.

L X I.

Appointemens des Capitaines-commandans.

VEUT & entend Sa Majeſté que les Capitaines auxquels Elle permettra de mettre à leurs compagnies des Capitaines-commandans, ſoient tenus de payer ſur leurs appointemens ces Capitaines-commandans, ſur le pied de trois cents livres par mois en temps de paix, & de trois cents cinquante livres en temps de guerre.

L X I I.

Traitement des Muſiciens.

ENTEND Sa Majeſté que le traitement réglé par l'article LVIII aux Muſiciens, indépendamment de leurs appointemens, reſte dans la Caiſſe du Tréſorier du régiment, au moyen duquel traitement le Colonel général des Suiſſes donnera ſes ordres pour leur faire fournir l'habillement, le chauffage & les inſtrumens dont ils auront beſoin.

L X I I I.

Linge & chauſſure.

SUR la ſolde réglée à chaque Sergent, Fourrier, Caporal, Appointé, Grenadier, Fuſilier & Tambour, il en ſera affecté vingt-quatre deniers par jour en temps de paix, & trente deniers en temps de guerre par chaque premier & ſecond Sergent; vingt deniers en temps de paix, & vingt-quatre deniers en temps de guerre pour chacun des autres Sergens & Fourriers; douze deniers en temps de paix, & ſeize deniers en temps de guerre par chaque Caporal & Appointé; & ſix deniers en temps de paix, & dix deniers en temps de guerre par chaque Grenadier, Tambour & Fuſilier, pour ſubvenir à l'entretien du linge & de la chauſſure deſdits bas Officiers & Soldats

LXIV.

OUTRE la solde ci-dessus réglée pour ledit régiment, il sera établi une Masse de trois sous quatre deniers par homme par jour, laquelle Masse sera payée en tout temps sur le pied complet de chaque compagnie, à tel nombre qu'elle passe à la revue du Commissaire; l'intention de Sa Majesté étant que desdits trois sous quatre deniers il y ait un sou quatre deniers affecté uniquement à l'entretien du Soldat, & que les deux sous restans soient affectés particulièrement à l'habillement, à l'équipement & à l'armement.

Masse pour l'habillement & l'entretien du Soldat.

LXV.

CETTE Masse sera remise tous les mois avec la solde au Trésorier particulier du régiment, qui la déposera dans la Caisse; mais Sa Majesté réserve l'administration directe de la Masse de l'habillement au Colonel général des Suisses, lequel au moyen de ladite Masse, donnera ses ordres pour faire habiller, équiper & armer ledit régiment.

Masse de l'habillement, administrée par le Colonel général.

LXVI.

LE Major ordonnera seul la dépense à faire de la Masse, de l'entretien du Soldat & des fournitures à lui donner; l'intention de Sa Majesté étant cependant que ces fournitures, consistant en souliers, chemises, &c. soient données tous les trois mois sur les ordres du Major, & qu'il soit envoyé par le Trésorier du régiment un double de cette dépense au Colonel général des Suisses.

Masse de l'entretien, régie par le Major.

LXVII.

A l'égard des réparations journalières qu'il conviendra de faire à l'habillement, équipement & armement, & de ce qui sera nécessaire pour entretenir la propreté des Soldats du régiment; Sa Majesté fera former une Masse de huit livres pour chaque homme par an, en tout temps,

Masse des réparations journalières.

laquelle Masse sera payée sur le pied complet & remise tous les mois à la Caisse du régiment, avec la solde & les autres Masses pour être employée auxdites réparations: Entend au surplus Sa Majesté qu'il soit par le Trésorier du régiment envoyé tous les trois mois au Colonel général des Suisses, un double, signé du Major & de lui, de l'état de recette & de dépense de cette Masse.

LXVIII.

Haute-paye donnée aux Tambours.

SUR cette Masse, il sera donné à chaque Tambour un supplément de paye de douze deniers par jour, au moyen duquel lesdits Tambours seront tenus d'entretenir leurs caisses de peaux & de cordages, de les faire repeindre & de se fournir de baguettes.

LXIX.

Masse des recrues.

IL sera établi une Masse commune pour les recrues dudit régiment, à raison de neuf mille six cents livres par chaque compagnie de Fusiliers, laquelle Masse sera remise de mois en mois à la Caisse du Trésorier du régiment.

LXX.

Sommes données aux Capitaines des Grenadiers sur cette Masse.

L'INTENTION de Sa Majesté est que le Colonel général des Suisses fasse payer sur ladite Masse, à chaque Capitaine de Grenadiers, la somme de quinze cents livres en temps de paix, & celle de deux mille quatre cents livres en temps de guerre, lorsque sa compagnie marchera en campagne, pour le remplacement des Grenadiers qui manqueront à sa compagnie, aux conditions portées par l'article IX de la présente ordonnance.

LXXI.

Sommes données aux Capitaines des Fusiliers sur la même Masse.

LE Colonel général des Suisses fera aussi payer sur la même Masse, à chaque Capitaine de Fusiliers, la somme de deux cents livres pour chaque homme de recrue Suisse qui aura été engagé en Suisse, & qui aura la taille & les autres qualités requiſes pour être admis dans ledit régiment; mais ces deux cents livres ne leur ſeront payées que ſur deux certificats, l'un du Commandant de la place où ſera établi le quartier d'aſſemblée du régiment, & l'autre du Colonel & du Major, qui atteſteront la qualité de ces recrues à leur arrivée à Paris.

Celle de ſoixante livres ſeulement pour chaque Suiſſe ou fils de Suiſſe, que le Capitaine aura engagé en France, ſuivant l'état qui en ſera dreſſé par le Major, contenant le nom, le ſignalement, l'âge, le lieu de la naiſſance ou l'origine de chacun deſdits Suiſſes ou fils de Suiſſe, lequel ſera ſigné & certifié par le Capitaine & le Major.

Et celle de quinze cents livres par an, auſſi à chaque Capitaine de Fuſiliers, pour les rengagemens qu'il fera dans ſa compagnie, & dont il fournira un état ſigné de lui, au Major, qui le remettra au Colonel général, après l'avoir certifié.

Si un Soldat qui auroit obtenu ſon congé abſolu, venoit enſuite à ſe rengager, il ne pourra être cenſé nouvelle recrue & payé comme tel au Capitaine, que lorſqu'il y aura un an & un jour d'intervalle entre ſon congé abſolu & ſon nouvel engagement: Enjoignant Sa Majeſté aux Colonel, Lieutenant-colonel & Major, de tenir la main à l'exacte obſervation de cet article, à peine d'être reſponſables, chacun en leur nom, de ce qui pourroit ſe paſſer de contraire à cet égard aux intentions de Sa Majeſté.

LXXII.

Payes de gratifications payées ſur la même Maſſe.

IL ſera de plus payé ſur la même Maſſe & ſur les ordres du Colonel général des Suiſſes, trente payes de gratification de neuf ſous chacune à chacun des Capitaines de Fuſiliers dudit régiment, dont la compagnie ſera composée, à la revue du Commissaire, de cent soixante-sept hommes à cent soixante-quinze, les Officiers compris; & quinze payes seulement à chaque Capitaine de Fusiliers, dont la compagnie ne sera composée que de cent soixante à cent soixante-sept hommes: l'intention de Sa Majesté étant qu'il ne soit donné aucune paye de gratification, les compagnies étant au-dessous dudit nombre de cent soixante hommes.

LXXIII.

Quartier d'assemblée pour les recrues.

IL sera assigné pour ledit régiment, un quartier d'assemblée à Beffort, pour y recevoir les recrues dudit régiment pendant l'année entière; les recrues faites en Suisse seront obligées de s'y rendre; il y sera établi un Officier & quatre Sergens dudit régiment, qui seront tenus de présenter lesdites recrues, à leur arrivée, au Commissaire des guerres nommé pour les examiner.

LXXIV.

Procès-verbal pour constater les recrues.

LEDIT Commissaire des guerres dressera le premier de chaque mois, un procès-verbal, contenant le nom, le signalement, l'âge, le lieu de la naissance de chaque Soldat de recrue qui lui aura été présenté dans le courant du mois précédent, & l'époque de son engagement en Suisse; & il en adressera un double au Colonel général des Suisses, & un autre au Commissaire général des Suisses & Grisons, chargé de la conduite & police du régiment des Gardes-suisses.

LXXV.

Solde desdites recrues.

LA solde sera payée à chaque homme de recrue, à commencer du jour de son arrivée à Beffort & de sa réception par les Officiers dudit régiment, bien entendu qu'ils auront les qualités requises pour entrer dans ledit régiment; l'intention de Sa Majesté étant que s'ils n'y étoient pas propres, la dépense que lesdits hommes de recrue occasionneroient, soit à la charge des Officiers établis au quartier d'assemblée, qui les auroient reçus.

LXXVI.

Comment conduites au régiment.

LORSQU'IL y aura quarante hommes de recrue assemblés à Beffort, avec les qualités requises, conformément à ce qui est prescrit par l'article LXXV, lesdits quarante hommes seront conduits au régiment sur une route pour le logement seulement, devant vivre au moyen de leur solde tout le long de la route : Ils seront conduits par deux Sergens, qui seront alors relevés à Beffort par deux autres Sergens.

LXXVII.

Revues desdites recrues.

LES Officiers, les Sergens & les hommes de recrue recevront leurs appointemens & leur solde à Beffort, sur les revues du Commissaire des guerres, bien entendu que lesdites revues, jointes à celles du régiment, n'excéderont point le complet du régiment; & à cet effet, le Commissaire des guerres de Beffort adressera un double de sa revue au Commissaire chargé de la conduite & police du régiment.

LXXVIII.

Supplément d'appointemens & solde pour les Officiers & bas Officiers des recrues.

SA MAJESTÉ donnera ses ordres pour faire payer à l'Officier qui résidera à Beffort, la somme de cent livres par mois, à titre de supplément d'appointemens, & six sous par jour de supplément de solde à chaque Sergent détaché à Beffort; se réservant Sa Majesté de faire relever l'Officier & les Sergens lorsqu'Elle le jugera à propos.

LXXIX.

Suppression de

AU moyen du traitement réglé par la présente ordon-

tout autre traitement que celui réglé par la présente ordonnance.

nance, & dont le régiment jouira, à commencer du 1.er juillet prochain, tout autre traitement, de telle eſpèce qu'il ſoit, n'aura plus lieu; ſe réſervant Sa Majeſté de régler tout ce qui ſera fourni audit régiment en pain, viande & fourrage, lorſqu'il ſervira en campagne, ainſi que l'étape qui lui ſera fournie lorſqu'il marchera dans le royaume.

LXXX.

Forme pour la revue du régiment.

LE Commiſſaire chargé de la conduite & police du régiment des Gardes-ſuiſſes, ſera à la fin de chaque mois une revue exacte dudit régiment, pour ſervir au payement de ſa ſubſiſtance; il dreſſera des extraits de cette revue, dans laquelle il ne comprendra que les effectifs; il y joindra un état exact du produit du non-complet, & répondra en ſon propre & privé nom des infidélités & des contraventions qui ſe pourroient commettre dans ſes revues, dont il enverra un double au Secrétaire d'État ayant le département de la guerre, & un autre au Colonel général des Suiſſes.

LXXXI.

Conſervation de tous les priviléges du régiment.

VEUT au ſurplus Sa Majeſté que le régiment des Gardes-ſuiſſes continue de jouir de tous les priviléges, prérogatives, franchiſes & exemptions qui lui ont été accordées précédemment. Mandant Sa Majeſté au ſieur Duc de Choiſeul, Colonel général des Suiſſes, de tenir la main à l'exécution de la préſente ordonnance.

MANDE & ordonne Sa Majeſté au ſieur Baron de Zurlauben, Colonel du régiment de ſes Gardes-ſuiſſes, au Commiſſaire général des Suiſſes & Griſons, & à tous autres ſes Officiers qu'il appartiendra, de tenir la main à l'exécution de la préſente, laquelle ſera lûe & publiée à la tête du régiment, à ce qu'aucun n'en prétende cause d'ignorance, FAIT à Versailles le premier juin mil sept cent soixante-trois. *Signé* LOUIS. *Et plus bas*, LE DUC DE CHOISEUL.

ÉTIENNE-FRANÇOIS DE CHOISEUL, Duc de STAINVILLE, Pair de France, Chevalier des Ordres du Roi & de la Toison d'or, Lieutenant général des Armées du Roi, Colonel général des Suisses & Grisons, Gouverneur & Lieutenant général de la province de Touraine, Gouverneur & grand Bailli du pays de Vosges & de Mirecourt, Ministre & Secrétaire d'État ayant les départemens de la Guerre & de la Marine, & la correspondance avec les Cours d'Espagne & de Portugal, Grand-maître & Surintendant des Courriers, Postes & relais de France.

VU par nous l'ordonnance du Roi, donnée à Versailles le premier juin 1763, signée Louis, & plus bas, le Duc de Choiseul, & à nous adressée, pour tenir la main à son exécution; par laquelle Sa Majesté, pour les causes y contenues, auroit jugé à propos de régler une nouvelle composition & un nouveau traitement au régiment de ses Gardes-suisses:

NOUS, en vertu du pouvoir à nous accordé par Sa Majeſté, à cauſe de notredite charge de Colonel général des Suiſſes & Griſons; Mandons au ſieur Baron de Zurlauben, Colonel dudit régiment, & à tous autres qu'il appartiendra, de ſe conformer à ladite ordonnance: En témoin de quoi nous avons fait expédier la préſente, que nous avons ſignée de notre main, fait ſceller du ſceau de nos armes, & contre-ſigner par le Secrétaire général des Suiſſes & Griſons. A Verſailles le deux juin mil ſept cent ſoixante-trois. *Signé* LE DUC DE CHOISEUL. *Et plus bas*, par Monſeigneur, THIBAULT DUBOIS.

A PARIS,
DE L'IMPRIMERIE ROYALE.

M. DCCLXIV.

www.ingramcontent.com/pod-product-compliance
Ingram Content Group UK Ltd.
Pitfield, Milton Keynes, MK11 3LW, UK
UKHW021931190726
13853UKWH00002B/974

9 782329 596891